OBSERVATIONS

LA LOI DU 27 AVRIL 1825,

RELATIVE A L'INDEMNITÉ DUE PAR L'ÉTAT AUX ÉMIGRÉS, DÉPORTÉS ET
CONDAMNÉS RÉVOLUTIONNAIREMENT,

ET SUR

L'ORDONNANCE D'EXÉCUTION DE LADITE LOI,

EN DATE DU PREMIER MAI ;

Par B.^m-J.^h FLAMANT,

LICENCIÉ EN DROIT, AVOUÉ PRÈS LE TRIBUNAL DE PREMIÈRE
INSTANCE, SÉANT A QUIMPER.

A BREST,

DE L'IMPRIMERIE DE VEUVE MICHEL,
RUE DU CHATEAU, NUMÉRO 44.
1825.

OBSERVATIONS

SUR

LA LOI DU 27 AVRIL 1825, RELATIVE A L'INDEMNITÉ DUE PAR L'ÉTAT AUX ÉMIGRÉS, DÉPORTÉS ET CONDAMNÉS RÉVOLUTIONNAIREMENT, ET SUR L'ORDONNANCE D'EXÉCUTION DE LADITE LOI, EN DATE DU 1er. MAI.

Une loi d'une aussi haute importance, et qui réveille tant d'intérêts différens, doit nécessairement présenter des difficultés plus ou moins grandes dans son exécution; et l'ordonnance du Roi du 1er. Mai n'a pu ni les aplanir ni les prévoir toutes. Comme toutes les lois spéciales, la loi d'indemnité doit trouver son interprétation dans le droit civil pour tous les cas qu'elle n'a pas spécifiés et résolus elle-même; et jamais, il faut le dire, un champ plus vaste n'a été ouvert aux interprétations et aux discussions de toute espèce. Il s'agit de l'exécution d'une mesure qui embrasse un espace de 55 ans. Toutes les différentes législations qui se sont succédées depuis la révolution seront invoquées dans la liquidation des indemnités, par rapport aux personnes et aux propriétés. Tour à tour, et à chaque instant, il faudra faire l'application de l'ancien droit, des décrets et lois révolutionnaires, des lois intermédiaires, des décrets de l'empire et du code civil, à l'effet de régler l'ordre des successions, les droits des héritiers entre eux, ceux de l'état et ceux des créanciers. Au milieu de cette complication, les personnes qui sont étrangères à l'étude et à la pratique des lois saisiront difficilement les rapports qui existent entre la loi nouvelle et le recueil énorme des lois si disparates qui ont régi successivement la France depuis quarante ans, et faute de connaître ces rapports, et d'en pouvoir apprécier les conséquences, elles seraient exposées à s'égarer dans une fausse route.

Dans ces circonstances, on a pensé qu'un petit traité destiné à éclairer les réclamans sur leurs droits et leurs obligations, et à leur tracer une marche simple dans les démarches qu'ils ont à faire, pourrait être de quelque secours aux personnes appelées à participer au bénéfice de la loi des indemnités. C'est l'objet de cet opuscule ; et pour essayer d'atteindre plus sûrement ce but, on envisagera séparément la position particulière de chacune des classes désignées dans la loi du 27 Avril , d'après l'ordre établi par cette loi elle-même.

Ainsi , on parlera 1°. de l'ancien propriétaire dépossédé ; 2°. des héritiers naturels ou institués de l'ancien propriétaire ; 3°. des déportés et des condamnés révolutionnairement ; 4°. des personnes interposées ; 5°. des droits des créanciers relativement à l'indemnité. Dans un sixième chapitre , on traitera de la forme des demandes , des bordereaux d'indemnité et de la délivrance des inscriptions de rente.

CHAPITRE Ier.

De l'ancien propriétaire dépossédé ayant droit à l'indemnité.

LES anciens propriétaires encore vivans se présentent naturellement en première ligne pour réclamer en leur faveur le bénéfice de la loi; et cette classe, assez peu nombreuse aujourd'hui, doit rencontrer moins de difficultés que toute autre dans la liquidation des indemnités auxquelles elle a droit. Aussi la loi se borne-t-elle à exiger de l'ancien propriétaire 1°. la représentation de son acte de naissance, en due forme;

2°. Un acte de notoriété, dressé par le juge de paix, de la situation des biens confisqués, ou du domicile du réclamant, signé par cinq témoins notables, et constatant *son identité* avec le propriétaire dépossédé.

Muni de ces deux pièces, il peut former sa demande devant le préfet du département de la situation des biens, en faisant les déclarations et indications mentionnées aux articles 6, 13, 14 et 15 de l'ordonnance du Roi du 1er. Mai, suivant la position où se trouvera le réclamant.

CHAPITRE II.

Des héritiers naturels ou institués de l'ancien propriétaire.

L'ARTICLE 8 de l'ordonnance du Roi porte que si la demande en indemnité est formée par les français qui étaient appelés par la loi ou par la volonté de l'ancien propriétaire à le représenter à l'époque de son décès, les réclamans produiront, indépendamment de l'extrait de naissance de chacun d'eux, l'extrait des registres de l'état civil, constatant le décès du propriétaire dépossédé, et les actes servant à établir leurs droits à la succession.

Cet article renferme, en peu de lignes, toutes les obligations imposées aux héritiers pour justifier leur demande; mais ces obligations sont plus étendues qu'on ne pourrait le croire au premier coup d'œil, et ces mots : *les actes servant à établir leurs droits à la succession*, les astreignent à des preuves très-rigoureuses.

La première chose à examiner par les héri-

tiers, c'est l'époque du décès de l'ancien propriétaire qu'ils sont appelés à représenter, à l'effet
de déterminer leurs droits à la succession,
d'après la législation sous laquelle cette succession est ouverte. Ce point est extrêmement im-
portant, surtout dans les successions collatérales,
qui ont éprouvé de si notables changemens par
la promulgation du code civil : car tel était héritier sous l'empire des anciennes coutumes, ou
de la loi de Nivôse an 2, qui se trouve aujour-
d'hui exclu de la succession par un parent plus
proche d'un degré seulement. Les réclamans
auront donc à porter une attention scrupuleuse
dans la justification de leurs droits à la succession; et tous les héritiers d'une même personne
devront, autant que possible, se réunir et s'en-
tendre entre eux pour former collectivement
leur demande en indemnité. On prouvera tout
à l'heure qu'il est dans le vœu de la loi du 27
Avril que la part de chaque héritier soit fixée
dans le bordereau d'indemnité, dans le cas de
réclamation individuelle. De là la nécessité que
les demandes établissent d'une manière exacte
les droits de chacun des ayans-droit. Ainsi, dans
l'hypothèse de quatre héritiers qui viennent
ensemble à une succession collatérale, la demande devra expliquer s'ils héritent par por-

tions égales, ou si l'un a droit à une plus forte part que l'autre, d'après la législation qui doit être appliquée.

On voit, par l'ensemble de la loi du 27 Avril, que les liquidations d'indemnité, en général, seront faites collectivement entre tous les héritiers d'une même succession. Ce mode est en effet le plus simple pour le gouvernement, et le moins onéreux pour les émigrés ou leurs représentans. Mais, pour arriver à ce résultat désirable, il faut supposer qu'il régnera un parfait accord entre les co-héritiers, et qu'il ne se présentera aucun empêchement de nature à paralyser leur bonne volonté ; et c'est ici où commencent les plus grandes difficultés : car il faut s'attendre à voir naître à chaque pas des obstacles résultant du décès ou de l'absence de quelques-uns des co-héritiers, ou du refus que d'autres feraient de se réunir au plus grand nombre pour former de concert leur demande. Ces difficultés devront encore être résolues par les règles générales du droit, dans le silence de la loi du 27 Avril : on va les examiner l'une après l'autre.

Comme l'article 7 de cette loi admet à réclamer l'indemnité l'ancien propriétaire et, à son defaut, les français qui étaient appelés par la loi ou par sa volonté à le représenter à l'époque de son décès, c'est aussi à cette époque qu'il faudra toujours remonter pour régler les droits de ceux qui feront aujourd'hui des réclamations en qualité d'héritiers. Ils devront établir le nombre des héritiers qui existaient à l'ouverture de la succession, administrer la preuve authentique du décès de ceux de leurs co-héritiers qui seraient morts depuis, administrer la preuve que la part de ces derniers leur est accrue, et à quel titre. S'ils se trouvaient dans l'impossibilité de produire l'acte de décès de leurs co-héritiers, ce cas rentrerait dans celui de l'absence sans nouvelles; car l'individu dont la mort n'est pas prouvée est censé vivant aux yeux de la loi.

Pour ce qui regarde les individus absens sans nouvelles, et qui n'ont pas laissé de procurations, il suffira de faire nommer un notaire pour les représenter, conformément aux articles 112 et 113 du code civil. Ce notaire se joindra aux héritiers présens, pour la liquidation de l'indemnité, sauf à ceux-ci à faire déclarer ultérieurement l'absence, et à se faire envoyer en possession provisoire des biens de l'absent. Néanmoins, il faudra examiner bien soigneusement les différentes espèces, d'après la distinction établie par l'article 136 du même code, ainsi conçu : « s'il

» s'ouvre une succession à laquelle soit appelé
» un individu dont l'existence n'est pas recon-
» nue, elle sera dévolue exclusivement à ceux
» avec lesquels ils auraient eu le droit de con-
» courir, ou à ceux qui l'auraient recueillie à
» son défaut. » Il est certain que, dans ce cas,
les héritiers présens sont dispensés de la recher-
che de l'absent, sauf l'action en pétition d'hérédité de la part de ce dernier dans les circonstances prévues par les articles 137 et 138.

Le cas où l'un des héritiers aurait renoncé à
la succession de l'ancien propriétaire a été
prévu par la loi du 27 Avril ; elle décide que sa
renonciation ne pourra lui être opposée que par
les héritiers qui, à son défaut, auraient accepté
la succession. Cette disposition est conforme à
l'article 790 du code civil, à la différence que la
nouvelle loi parait même avoir relevé l'héritier de
la prescription du droit d'accepter la succession
qui serait acquise contre lui ; en cela elle aurait
introduit une exception au droit commun.

A l'égard des légataires universels ou à titre
universel, l'article 7 de la loi des indemnités
consacre leurs droits de la manière la plus for-
melle ; il ne souffre aucun commentaire ou
explication.

Mais des difficultés d'un autre genre pourront

se rencontrer par rapport aux héritiers présens ou vivans, à l'occasion de leurs prétentions respectives, ou de l'exercice de leurs droits. Il peut arriver que, par humeur ou partout autre motif, un co-héritier refuse de se joindre à ses consorts dans les démarches à faire pour le règlement de leur indemnité. D'un autre côté, l'éloignement où ils peuvent se trouver les uns des autres, les uns pouvant habiter la France, les autres les colonies ou les pays étrangers, ne leur permettra pas souvent de se réunir pour agir en commun. Dans ce dernier cas, rendra-t-on les héritiers qui ont la volonté d'agir responsables d'un événement de force majeure ? Cela répugne à la raison. Dans le premier, devront-ils souffrir de l'entêtement, de la négligence et du caprice de leur co-héritier? non, sans doute; d'autant qu'on ne peut forcer personne à revendiquer un droit successif, d'après la maxime : *nul n'est héritier qui ne veut.* La loi a pu désirer que les liquidations fussent collectives, autant dans l'intérêt des héritiers que pour simplifier le travail de l'administration. Mais dès qu'il est reconnu qu'il y a impossibilité dans l'exécution de ce mode, elle doit admettre les liquidations partielles; et elle les admet dans la réalité, même explicitement, par l'article 50 de l'ordonnance

du 1er. Mai, qui concerne la formation du bordereau, lequel dit que le nom de l'héritier ou
de l'ayant-droit sera porté dans le bordereau
avec *la désignation de la qualité en laquelle il
agit et de la part qu'il réclame dans la liquidation de l'indemnité de l'ancien propriétaire.*
Ainsi donc, dans le cas des obstacles que nous
venons de signaler, les héritiers qui seront en
mesure devront se hâter de former leur demande pour la part qu'ils ont dans l'indemnité.
La loi a fixé un délai de rigueur pour faire les
réclamations, *à peine de déchéance ;* et en ac-
cordant la jouissance des intérêts du jour de
l'inscription des rentes, elle a offert une sorte
de prime aux plus diligens.

Au surplus, qu'on fasse attention que la con-
duite des héritiers, soit qu'ils agissent en masse
ou séparément, n'arrêtera ni ne contrariera en
rien la marche de l'administration. Les liquidations seront toujours faites au nom du propriétaire dépossédé, ou *de sa succession ;* et
si, à défaut de l'ancien propriétaire, la demande en liquidation a été faite par un héritier
ou ayant-droit, le nom de l'héritier ou ayant-
droit sera, *en outre,* porté dans le bordereau,
avec la désignation *de la part* qu'il réclame
dans la liquidation de l'indemnité de l'ancien

propriétaire. C'est ce qui résulte clairement du rapprochement et de la combinaison des articles 1er. et 30 de l'ordonnance précitée. Le tout est de se bien pénétrer de l'esprit de la loi. D'après son vœu bien exprimé sur ce point, MM. les directeurs des domaines ne se trouveront aucunement embarrassés dans leurs opérations. Ils ont sous la main tous les élémens nécessaires pour faire la liquidation de chaque famille ayant droit à l'indemnité ; leur bordereau présentera le total de l'indemnité due à l'ancien propriétaire , en fixant la part de l'héritier réclamant et qui justifie de ses droits , et cette part seulement sera remise à l'ayant-droit. On ne délivrera pas au réclamant le montant total de la liquidation , lorsqu'on saura qu'il a des co-héritiers ; mais aussi il y aurait plus que de l'injustice à lui refuser sa portion virile après qu'il aura fait ses preuves , sous le prétexte que ses co-héritiers ne peuvent ou ne veulent pas faire leurs diligences pour recueillir leurs parts.

Enfin , une réflexion bien simple , et appuyée sur l'article 11 de la loi, suffit pour démontrer que s'il s'élève des contestations entre les réclamans , elles ne devront pas être vidées avant la demande en liquidation , mais seulement avant la délivrance de l'inscription de rente. La loi n'accorde aux habitans du royaume que le délai d'un an pour former leurs réclamations. Ce délai serait presque toujours insuffisant pour faire juger le procès même le plus simple , et *la déchéance* viendrait le plus souvent terminer les débats des parties.

De tout ce qu'on vient de dire , MM. les émigrés sentiront sans doute combien il leur importe de faire des déclarations franches et complètes dans leurs demandes en indemnité. Par des réticences , qu'ils pourraient croire innocentes ou indifférentes , ils s'exposeraient à voir reculer le terme de leur liquidation , et c'est là le moindre inconvénient qui résulterait pour eux d'une déclaration inexacte : elle pourrait avoir des conséquences incalculables à leur préjudice. En dissimulant , par exemple , l'existence d'un co-héritier à l'ouverture de la succession commune , en se portant pour seuls héritiers de cette succession , ils accepteraient par le fait celle de leur co-héritier décédé depuis , et deviendraient passibles de toutes les dettes de ce dernier. Ils ne sauraient après s'excuser sur leur bonne foi : l'ignorance de droit n'est jamais admise.

Finalement , MM. les réclamans doivent s'attendre ,

tendre, ainsi qu'on l'a déjà dit , qu'on exigera
d'eux des preuves authentiques, claires et po-
sitives au soutien de leurs demandes, surtout
lorsqu'ils se présenteront comme héritiers ou
légataires des anciens propriétaires dépossédés;
des preuves aussi rigoureuses que s'il s'agissait
d'établir leurs droits d'hérédité en justice, puis-
que aussi bien ils seront renvoyés devant les
tribunaux pour régler leurs qualités et leurs
droits , dans le cas où la commission de liquidation trouverait leur justification irrégulière.
Cette disposition de la loi rendra nécessairement
MM. les directeurs des domaines extrêmement
difficiles sur l'admission des productions de
pièces qui seront à faire pour la confection
des bordereaux d'indemnité; et leur exigence, en
cette occasion , sera justifiée par l'importance
et l'immensité du travail dont ils se trouvent
chargés. Dans une mesure aussi majeure que
celle dont la loi d'indemnité est l'objet , par
laquelle l'état s'est constitué débiteur de trente
millions de rente , au capital d'un milliard ,
envers une classe de français , on ne saurait
procéder avec trop de prudence et de pré-
caution. La répartition de cette indemnité doit
être faite d'après les règles d'une justice exacte
et sévère. Chacun des ayans-droit devra rece-

voir la part qui lui en revient, ni plus ni moins;
et sûrement le gouvernement ne voudra pas
s'exposer à des recours en garantie de la part
de ceux qui viendraient se plaindre que leur
cote-part dans l'indemnité a passé illégalement
dans les mains d'autres individus qui pourront
se trouver dans l'impuissance de la représenter
plus tard, attendu que l'inscription de rente
étant une valeur mobilière et négociable, elle
peut être dissipée à l'instant même de sa délivrance.

CHAPITRE III.

*Des déportés et des condamnés révolutionnai-
rement.*

TOUT ce qui a été dit dans les chapitres pré-
cédens est applicable aux déportés et condamnés, ou à leurs représentans, ainsi qu'aux
veuves ou descendantes d'émigrés mariées avec
des étrangers antérieurement au 1er. Avril 1814,
et à leurs enfans nés de pères ayant joui de la
qualité de français.

CHAPITRE IV.

Des personnes interposées.

Pour l'application des articles 3 et 4 de la loi du 27 Avril, il est essentiel de fixer bien nettement ses idées sur ce que cette loi entend par *personnes interposées*. D'après l'article 4, sont réputées telles, les *ascendans*, *descendans* ou femme de l'ancien propriétaire : voilà qui est clair et positif. Cependant l'ordonnance du 1er. Mai semble donner de l'extension à cette disposition, qui, par sa nature, doit au contraire être rigoureusement renfermée dans ses limites. Dans plusieurs endroits, l'ordonnance parle des ascendans, descendans, femme de l'ancien propriétaire *ou toute autre personne interposée*. Elle en admet donc d'autres que celles dénommées dans la loi. Ceci est de la plus haute importance pour les ayans-droit à l'indemnité : mais la loi est pour eux. Dans sa sagesse, le législateur a désigné lui-même les personnes qui, en raison de la grande proximité du sang, de leur union ou de leur affinité avec le propriétaire, sont censées, aux yeux de la loi, ne faire pour ainsi dire qu'une même personne avec lui; on ne peut pas aller au-delà. On ne saurait regarder comme personnes interposées les parens même les plus proches qui ne seraient pas nommément compris dans le cas de prohibition, même le frère de l'ancien propriétaire; et le rachat fait à son frère par l'ancien propriétaire doit être regardé comme s'il était fait à un tiers étranger, et produire les mêmes effets. Si on alléguait le dol ou la fraude, ce serait à l'administration à en faire la preuve; le réclamant se trouverait suffisamment défendu par la loi elle-même.

CHAPITRE V.

Des droits des créanciers relativement à l'in- demnité.

Les droits des créanciers antérieurs à la confiscation, porteurs de titres non liquidés et non payés par l'état, sont reconnus par l'article 18 de la loi du 27 Avril : ils ne peuvent réclamer que le capital. L'article 56 de l'ordonnance du 1er. Mai porte que les oppositions qui seraient formées à la délivrance des inscriptions de rente, par les créanciers antérieurs et postérieurs à la confiscation, seront faites au ministère des finances, bureau des oppositions, dans les formes prescrites par les lois du 19 Février 1792 et 30 Mai 1793, et par le décret du 18 Août 1807. Mais s'il fallait juger la validité de ces oppositions, il y aurait lieu à se pourvoir devant le tribunal du domicile du débiteur. L'ordre ou la distribution seront également faits devant ce tribunal, ou devant celui dans le ressort duquel la succession est ouverte. (Art. 18 de la loi.)

Mais le droit de former des oppositions

n'est pas le seul qui appartienne aux créanciers des émigrés, dans la circonstance; ils en ont d'autres qu'ils tiennent de la loi civile, et dont on ne saurait les priver.

L'article 1167 du code civil porte que les créanciers peuvent exercer tous les droits et actions de leur débiteur.

Et l'article 788 dispose qu'ils peuvent se faire autoriser à accepter une succession à laquelle le débiteur aurait renoncé.

Ces deux articles donnent la mesure des droits des créanciers, qui ont la faculté de se mettre aux lieu et place de leurs débiteurs au moyen d'un jugement, à l'effet de faire liquider l'indemnité due à ces derniers, pour se faire payer ensuite du montant de leurs créances. Ce droit emporte nécessairement celui d'obtenir, dans les bureaux des différentes administrations, les communications propres à les éclairer sur les prétentions de leurs débiteurs. Au reste, l'article 16 de l'ordonnance porte que des extraits, régulièrement certifiés, des registres tenus à la préfecture seront *délivrés à toutes personnes qui auront intérêt à les réclamer.*

CHAPITRE VI.

De la forme des demandes, des bordereaux d'indemnité et de la délivrance de l'inscription de rente.

On donnera, à la fin de cette brochure, les modèles des différentes demandes en indemnité.

D'après l'article 61 de l'ordonnance du 1er. Mai, les actes sous seing privé tendant uniquement à la liquidation de l'indemnité sont dispensés de la formalité du timbre et de l'enregistrement. Les pétitions sont nécessairement comprises dans cette disposition.

La demande contiendra élection de domicile dans le département ; elle sera signée du réclamant ou de son fondé de pouvoirs ; et, dans ce cas, copie en forme de la procuration *spéciale* devra être annexée à la demande.

Il ne paraît pas qu'on puisse cumuler dans la même liquidation l'indemnité résultant de deux ou de plusieurs successions : chaque succession devra faire l'objet d'une réclamation séparée.

Les articles 6, 7, 9 et 10 de l'ordonnance

font connaître les pièces et indications que les
réclamans auront à fournir indépendamment
des autres preuves auxquelles ils sont astreints,
ainsi qu'on l'a établi plus haut.

Une observation essentielle pour MM. les
émigrés, c'est que la loi ne les oblige qu'à
prouver leurs qualités et leurs droits à l'indemnité ; mais elle ne les oblige aucunement à
fournir les procès-verbaux de vente de leurs
biens confisqués, si ce n'est dans le cas de rachat par eux faits à des tiers, par la raison toute
simple qu'eux ou leurs auteurs ayant été déposs-
sédés, et le séquestre établi sur leurs papiers,
il peut ne leur être resté dans les mains aucun
titre ni document concernant leurs anciennes
propriétés. Il suffit donc, à la rigueur, qu'ils réclament l'indemnité pour cause des biens qui
ont été vendus sur eux dans *tel département.*
C'est au directeur des domaines à faire toutes
les recherches nécessaires à cet égard, et à présenter dans le bordereau d'indemnité l'état et la
date des ventes, sauf les observations du réclamant. Néanmoins les ayans-droit à l'indemnité
feront bien de se fixer eux-mêmes sur leurs
droits par des recherches dans les archives et
les dépôts publics, afin d'être à même de recti-
fier sur-le-champ les erreurs qui pourraient se

rencontrer dans les bordereaux d'indemnité, et
d'accélérer ainsi leur liquidation. On ne saurait
trop leur recommander, entre autres choses,
de s'attacher à prouver clairement leurs droits,
ou ceux de leurs auteurs à la propriété des biens
en raison desquels ils réclament l'indemnité,
soit par d'anciens titres ou papiers de famille,
et, à défaut, par des actes de notoriété rédigés
dans la forme prescrite par la loi. Ils devront
aider de tous leurs moyens MM. les directeurs
des domaines chargés de tout le poids de la
liquidation, et ne pas perdre de vue que ces
fonctionnaires, dont les momens sont si pré-
cieux dans cette grande opération, ne sont obligés à aucun rapport direct avec les parties ré-
clamantes. C'est par l'intermédiaire des bureaux
de la préfecture que les réclamations devront
leur parvenir, et que toutes les communications
seront également faites aux ayans-droit.

Les demandes en indemnités seront portées
sur un registre spécial ouvert à la préfecture, et
le directeur des domaines procèdera à la formation des bordereaux dans l'ordre des inscriptions
sur ce registre. Mais il n'est pas besoin de dire
que cet ordre de priorité ne pourra servir qu'à
ceux des réclamans dont les productions seront
jugées suffisantes, la liquidation générale ne

devant pas être entravée pour des intérêts particuliers.

Après avoir pris communication du bordereau d'indemnité, le réclamant présentera ses observations, s'il y a lieu, et il y sera statué en forme d'avis par le conseil de préfecture. C'est le cas d'observer ici qu'il sera très-important que les réclamans présentent toutes leurs observations au moment de cette communication, pour cause de la lésion qui pourrait résulter pour eux de l'application des dispositions générales de la loi, et qui porterait l'allocation à une somme moindre que dix-huit fois le produit réel de 1790. Ce sera sur les observations et mémoires fournis dans cette circonstance, et d'après l'avis du conseil de préfecture, que la commission formée à Paris procédera à la liquidation définitive. Enfin, après le travail de la commission de liquidation, les ayans-droit qui renonceront à la faculté du pourvoi pourront requérir l'inscription immédiate de la rente liquidée à leur profit, en indiquant le département où ils veulent être payés des arrérages de la rente.

En cas de pourvoi contre la liquidation de la commission, il sera procédé, devant le conseil d'état, dans les formes et dans les délais fixés pour les affaires contentieuses.

On fera remarquer en finissant que le centre des liquidations est placé par le fait aux chefs-lieux des préfectures. C'est au domicile élu dans les départemens que toutes les communications seront faites par l'administration, et c'est aussi à ce même domicile que l'extrait de l'inscription de rente sera remis aux ayans-droit. Lorsque les opérations de la liquidation provisoire auront été régulièrement faites, MM. les émigrés pourront attendre avec confiance, et sans se constituer en de nouveaux frais, la délivrance de leurs inscriptions.

On est bien loin de la prétention d'avoir indiqué tous les points de difficulté dans une matière encore toute neuve et qui ne pourra s'éclaircir entièrement que par les décisions administratives et judiciaires qui interviendront sur ces difficultés mêmes ; mais on aura rempli le but qu'on s'est proposé, si ce petit ouvrage, tout imparfait qu'il est, peut servir, jusqu'à un certain point, de guide aux personnes dont les intérêts se trouvent liés à la loi d'indemnité. C'est un faible hommage que l'auteur offre particulièrement à ses compatriotes bretons.

MODÈLES

DE DEMANDES EN INDEMNITÉ.

Nº. 1.

DEMANDE *au nom de l'ancien propriétaire dépossédé.*

JEAN-FRANÇOIS-MARIE DE KER. . . . . , propriétaire, chevalier de Saint-Louis, demeurant à sa terre
de   commune de
lequel fait élection de domicile chez M.   *(Dans
le département de la situation des biens.)*

A Monsieur le préfet du département du

. A l'honneur d'exposer que, par le fait de son émigration, en 1792, les biens qui lui appartenaient dans ce
département, situés canton de   commune
de   . *(Désigner les biens, article par
article, autant que possible.)* ont été confisqués et vendus
en exécution des lois révolutionnaires, et qu'il n'est
rentré depuis en la possession d'aucun de ses biens
aliénés par la nation, *ou* et qu'il est rentré depuis
dans la possession de tous lesdits biens, *ou* seulement

en la possession d'une métairie, nommée
située commune de   , et d'une maison
sise en la ville de   quartier de
en vertu de rachat fait directement par lui à l'état, *ou*
au sieur   *(Nommer le tiers à qui le
rachat aurait été fait , par ses nom et prénoms.), ou*
par rachat fait par N. . . . . . . , son père, son fils,
ou sa femme. *(Désigner les nom et prénoms de la
personne interposée , et mentionner la date des contrats.)*

En conséquence , l'exposant requiert

Qu'il vous plaise, Monsieur le Préfet , ordonner qu'il
sera procédé à la liquidation de l'indemnité qui lui est
due , conformément à la loi du 27 Avril 1825.

On produit au soutien de la présente demande :

1º. L'acte de naissance du réclamant ;

2º. L'acte de notoriété prescrit par l'article 7 de l'ordonnance du Roi du 1er. Mai ;

3º. *(Dans le cas de rachat fait à un tiers.)* Expédition des contrats d'acquisition susdatés ;

4º. *(Dans le cas où le réclamant est représenté par un fondé de pouvoirs.)* Copie en forme de la procuration consentie par le réclamant au sieur
en date du

A   le   *(La date.)*

*(Signature du réclamant ou du
procurateur spécial.)*

N°. 2.

DEMANDE *au nom des héritiers de l'ancien propriétaire restés en France.*

François-Marie De C. . . . . . . , rentier, demeurant à   et Louis-Claude C. . . . . . . , officier d'infanterie en non-activité, demeurant à   lesquels élisent domicile, etc.,

A Monsieur le Préfet du département du

Ont l'honneur d'exposer qu'ils sont enfans et seuls héritiers de M. Jean-François-Marie De C. . . . . . . , mort dans l'émigration, à   *ou* mort en France, à   le

Par suite de l'émigration de leur père, tous les biens de ce dernier, situés dans ce département, ont été confisqués et vendus en vertu des lois révolutionnaires, sans que lui ni les exposans soient rentrés depuis en la possession d'aucun de ces biens. (*Ou, dans le cas de rachat, faire les indications voulues.*)

En conséquence, ils requièrent

Qu'il vous plaise, Monsieur le Préfet, ordonner qu'il sera procédé à la liquidation de l'indemnité à laquelle ils ont droit, conformément à la loi du 27 Avril 1825, et qui doit être partagée entre eux par portions égales.

Pour justifier de la présente réclamation, on produit :

(D'après l'article 8 de l'ordonnance, les héritiers doivent fournir

1º. Leur acte de naissance ;

2º. L'acte de décès de l'ancien propriétaire ;

3º. Tous autres actes servant à établir leurs droits à la succession, conformément à ce qui a été dit dans les observations ci-dessus.)

Pour compléter leur production, ils devront en outre prouver, par des extraits d'inventaire, ou, à défaut, par un acte de notoriété, qu'ils sont *seuls héritiers* de l'ancien propriétaire.

Indépendamment de ces pièces, qui ont pour objet spécial de prouver leurs qualités et leurs droits, les héritiers produiront aussi les contrats de vente et quittances des prix d'acquisition, dans le cas de rachats faits à des tiers.

Nº. 3.

DEMANDE *par des héritiers ayant émigré.*

Ont l'honneur d'exposer qu'ils sont enfans et seuls héritiers de M. Jean-François-Marie De C. . . . ., décédé à   le

Le fait de l'émigration des deux exposans donna lieu au partage en trois lots de la présuccession de leur père,

entre

entre ce dernier et la république, conformément à la loi du 9 Floréal an 3, et les portions échues aux exposans furent confisquées et vendues par la nation, sans que leur père ni eux soient depuis rentrés dans la possession d'aucun de ces biens, *(ou,* s'il a été effectué des rachats, en faire la déclaration comme il a été dit.*)*

En conséquence, ils requièrent

Qu'il vous plaise, etc.

N°. 4.

DEMANDE *en indemnité, dans le cas supposé de quatre héritiers, dont l'un est présent, le second aussi présent, mais se refusant à suivre la réclamation, le troisième, se trouvant hors de France ou d'Europe, et le quatrième étant mort depuis l'ouverture de la succession commune, et duquel on ne veut pas se porter héritier.*

CHARLES-PHILIPPE-LOUIS DE M. . . . ., rentier, demeurant à   et qui élit domicile, etc.

A Monsieur le Préfet du département du

A l'honneur d'exposer qu'il est fils de M. Jean-Charles-Philippe DE M. . . . . . ., décédé à
le

M. Alexandre-Sébastien DE M. . . . . . ., frère germain dudit Sieur DE M. . . . ., et oncle paternel de l'ex-

posant , avait émigré et est mort sans postérité plusieurs
années après son retour en France, en la ville de
le 17 Avril 1817.

Tous ses biens avaient été confisqués et vendus par
la nation pour cause de son émigration, et il n'est rentré
ensuite en la possession d'aucune partie de son patri-
moine aliéné, non plus que ceux appelés à lui succéder.

Sa succession était dévolue, par portions égales, à l'exposant et à ses trois frères germains qui vivaient alors à ,
savoir : Jean-Fortuné De M. . . . . ., rentier, demeurant
à ,   , Auguste-François De M. . . ., attaché
à la maison du Roi, demeurant ordinairement à Paris,
et Benjamin De M. . . . . ., décédé depuis sans postérité.

Les héritiers ci-dessus dénommés dudit Sieur Alexandre-
Sébastien De M. . . . . . ., sont appelés aujourd'hui à
participer au bénéfice de la loi des indemnités. Mais
des obstacles insurmontables se rencontrent pour empêcher
que la demande puisse être faite collectivement par les
intéressés : d'abord, le sieur Jean-Fortuné, qui est sur
les lieux, se refuse formellement, on ne sait par quel
motif, à concourir à cette démarche ; le Sieur Auguste
De M. . . . . . se trouve actuellement hors d'Europe,
pour une mission qui lui a été confiée par Sa Majesté,
et, d'un autre côté, l'exposant a de justes motifs pour
ne point accepter la succession de son frère Benjamin.
Dans ces circonstances extraordinaires, ses intérêts particuliers ne doivent pourtant pas souffrir d'événemens
indépendans de sa volonté, et qui ont leur source dans
une force majeure. Son droit à la succession de son
oncle pour sa part virile, et à l'indemnité due à ce

dernier, ne peut être contesté, et comme il se trouve forcé d'agir dans un *délai de rigueur*, à peine de déchéance, il a l'honneur de requérir.

Qu'il vous plaise, Monsieur le Préfet, ordonner qu'il sera procédé à la liquidation de l'indemnité due *à la succession* du feu sieur Alexandre-Sébastien de M...., pour, l'exposant, en sa qualité d'héritier pour un quart, être mis en possession du quart du montant total de cette indemnité, ainsi qu'elle sera réglée conformément à la loi du 27 Avril 1825.

———————

Nota. Ces exemples suffiront, on le pense, pour guider les réclamans dans la rédaction des différentes demandes en indemnité. Les cas peuvent varier à l'infini; mais les bases sont toujours les mêmes. Le réclamant devra apporter le plus grand soin dans l'indication des nom et prénoms de l'ancien propriétaire dépossédé, à établir sa qualité et son droit, et à justifier l'un et l'autre par des pièces authentiques.

On s'est dispensé, dans les formules, de parler des absens représentés par des notaires, parce qu'ils sont censés présens au moyen de cette formalité. Seulement, dans ce cas, expédition du jugement qui nomme le notaire sera jointe aux autres pièces.

On n'a pas parlé non plus *des légataires,*

parce qu'ils sont compris sous la dénomination d'héritiers institués. Une copie en forme du testament sera annexée à la réclamation.

A l'égard des tuteurs, ils devront indiquer, d'une manière exacte, les noms et prénoms de leurs pupilles, et, hors le cas de la tutelle légale, l'acte de tutelle devra être joint aux autres pièces.

MM. les réclamans auront la plus grande attention à vérifier les différens extraits qu'ils sont obligés de produire. La moindre omission, les plus légères différences dans les noms de famille ou de baptême donneront lieu à des demandes de nouvelles pièces, à des jugemens de rectification, à des actes de notoriété, etc., et par conséquent à des retards dans la liquidation.

Enfin, une chose qui devra fixer surtout leur attention concerne les actes de décès qu'ils seront tenus de fournir. Un grand nombre d'émigrés sont morts dans des circonstances où il a été impossible de constater leur décès; les uns ont péri sous la hache révolutionnaire, les autres à Quiberon, d'autres dans l'armée de Condé ou dans les champs de la Vendée, d'autres sont morts dans les pays étrangers. Il faudra de toute nécessité obtenir *des jugemens*

pour suppléer leurs actes de décès, confor-
nément aux dispositions du code civil et de la
loi du 13 Janvier 1817. Des actes de notoriété
seraient insuffisans dans ces circonstances;
car tout ce qui tient à l'état civil des citoyens
est essentiellement du domaine des tribunaux.

MODÈLE

D'UN ACTE DE NOTORIÉTÉ,

*Dans le cas prévu par l'article 7 de l'ordon-
nance royale du 1er. Mai.*

AUJOURD'HUI

Devant nous   juge de paix du canton de
       assisté du sieur   notre
greffier, ont comparu en notre demeure, à
les sieurs Paul-René G......., rentier, demeurant à
       (*Il faut cinq témoins.*) ; tous citoyens notables
de cette commune *ou* de ce canton ; lesquels nous ont
déclaré, par serment, que M. Jean-Paul-François DE
KER...., demeurant et domicilié à   né à
le   qui est présent devant nous, est bien la même
personne que M. DE KER......, lequel avait émigré en
1792, et qui, à cette époque, était propriétaire du château
de   situé en la commune de   département
de   des métairies et domaines en dépendant,
ainsi que de trois maisons au bourg de   et d'un
hôtel sis quartier de   en la ville de
(*Nommer et détailler les biens, autant que possible*) ; lesquels comparans ont affirmé que les faits ci-dessus sont

à leur connaissance particulière , pour avoir connu an-
ciennement ledit sieur De Ker. . . , comme ils le connais-
sent aujourd'hui , et pour l'avoir vu habiter lui-même le
château et l'hôtel dont on vient de parler, et jouir de tous
les autres biens ci-dessus mentionnés, à titre de propriétaire ; lesquels biens ont été , pour cause de son émigration,
confisqués et vendus par la nation : de tout quoi nous avons
rapporté le présent acte de notoriété et d'individualité ,
conformément à l'article 7 de l'ordonnance de Sa Majesté
du 1er. Mai 1825 , pour servir et valoir ce que de raison
audit sieur De Ker. . . . , sous les seings desdits témoins ,
le nôtre , dit juge de paix , et celui de notre greffier , lesdits jour et an.

Nota. Cet acte peut être rédigé par le juge de
paix du domicile du réclamant ou de la situation
des biens, au choix de la partie intéressée. Il est
bien entendu que, s'il existait des biens dans
plusieurs cantons, il suffirait néanmoins d'un
seul acte de notoriété par-devant l'un des juges
de paix de ces différens cantons. Mais les réclamans devront s'adresser de préférence au juge
de paix de leur domicile, attendu que leur pré-
sence à cet acte doit être constatée, autrement
on pourrait exiger qu'il fissent représenter des
certificats de vie.

Comme les procès-verbaux de vente ne por-
tent pas toujours les prénoms de l'émigré dépos-

sédé, et que même quelquefois ils ne contien-
nent pas son véritable nom de famille, mais
seulement un nom de terre ou seigneurie sous
lequel il était connu dans le monde, il sera im-
portant de rappeler soigneusement dans l'acte
de notoriété les anciens noms ou qualification
du réclamant, afin de constater, d'une manière
précise, son identité avec l'individu sur lequel
les biens ont été vendus primitivement.

MODÈLE D'OPPOSITION,

*Par un créancier dont le titre est antérieur à
à la confiscation des biens.*

L'an mil huit cent vingt-cinq, le   heure
            à la requête du sieur Jean-François le P....,
marchand, demeurant en la ville de   départe-
tement du   qui élit domicile à Paris, chez

moi soussigné,

ai signifié et déclaré à M.   chef du bureau
des oppositions, au ministère des finances, que le requé-
rant est créancier de M. Louis-Paul de C......, rentier,
demeurant à   ancien émigré, suivant un
acte obligatoire au rapport de   et son collègue,
notaire à   en date du   et que
la créance résultant de cet acte, antérieur à l'émigration
du sieur de C......, n'a été ni liquidée ni payée; en
conséquence, j'ai formé opposition entre les mains de
mondit sieur   aux qualités, à la délivrance
de toutes inscriptions de rente qui appartiendraient audit
sieur de C......., à titre d'indemnité, en vertu de la
loi du 2 Avril 1825. La présente opposition est faite pour
sûreté et avoir paiement de la somme de dix mille francs,
capital porté audit acte obligatoire;

Et j'ai , à mondit sieur   en parlant
à   laissé copie au long de l'acte obligatoire
susdaté et du présent , lesdits jour et an.

Nota. Cet exploit sera visé sur l'original par la personne préposée pour le recevoir , laquelle délivrera au saisissant un certificat qui tiendra lieu , en ce qui la concerne , de tous les actes et formalités prescrits , à l'égard des tiers saisis , par le titre 7 du livre 3 du code de procédure civil. (Art. 6 du décret du 18 Août 1807.)

La demande en validité devra nécessairement être portée devant le tribunal du domicile du débiteur saisi , dans le délai fixé par l'article 563 du code de procédure.

FIN.